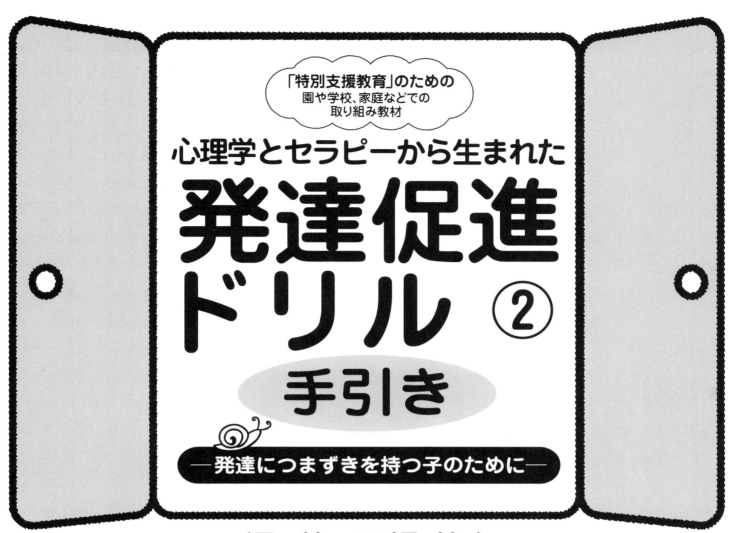

「特別支援教育」のための
園や学校、家庭などでの
取り組み教材

心理学とセラピーから生まれた

発達促進ドリル ②

手引き

―発達につまずきを持つ子のために―

編・著／湯汲 英史

〔（公社）発達協会 常務理事／言語聴覚士〕

JN132465

発 行／すずき出版

発刊にあたって

はじめに ◇◇◇◇◇◇◇◇◇◇◇◇◇◇◇◇◇◇◇◇

「子どもの発達は拘束されている」といわれます。

歩くことも話すこともできずに生まれてきた赤ちゃんが、1歳を過ぎた頃から歩けたり、話せたりするようになります。運動の発達では、両足で跳べるのが2歳、スキップができるのが4歳となっています。ことばの面も、1歳は単語、2歳は二語文、3歳になると三語文をまねして言え、5～6歳では文字の読み書きができるようになります。

例えばある子が"ぼくは歩くのは後でいいから、お絵描きが先に上手になりたい"と思っても、特別のことがない限りそれはできないようになっています。"自分の思うようには進めない、成長できない"だから「発達は拘束されている」と表現されます。

子どもの中には、自然に次々と進むはずの発達が、スムーズにいかない子がいます。遅れがちな子もいます。どうしてそうなのか、はっきりとした原因は分かっていません。

ただ、このような子たちへのさまざまな試みの中で、発達を促すために指導や教育が必要なことが分かってきました。そして、指導や教育が一定の効果をあげることも明らかになってきました。

この『発達促進ドリル』シリーズは、発達心理学、認知心理学などの知見をもとに作られました。特に、実際に発達につまずきを持つ子にとって有効な内容のものを選びました。

> ### ★2巻では…
> 1巻では、「やりとり能力の基礎固めを始めること」を大きな目標としました。
> 2巻では、1巻に引き続き、課題だけでなく学習する際の「基本的なルールを学ぶこと」が目標となります。"相手の話を聞く"などの力を高めていきます。

目的 ◇◇◇◇◇◇◇◇◇◇◇◇◇◇◇◇◇◇◇◇◇◇◇

　このドリルは、子どものことば、認知、数、文字の読み書き、生活、社会性などの面での健やかな発達を求めて作られました。

特色 ◇◇◇◇◇◇◇◇◇◇◇◇◇◇◇◇◇◇◇◇◇◇◇

①「手引き」では、各問題を解説しました。"子どもの《発達の姿》"として、発達から見た意味を、"指導のポイント"では、子どもの状態を把握できるようにし、また教え方のヒントも示しました。

②内容によっては正答をまず示し、子どもが質問されている内容や答え方などを分かりやすくしました。また、ドリルの中には、ゆうぎ歌もあります。これは、子どもの興味や社会性を高めるために取り上げました。

③このドリルでは、ことば、認知、数、文字、生活、社会性などの領域の問題を取り上げました。ただそれぞれの領域の問題は、明確に独立したものばかりではありません。ことばと生活がいっしょなど、複数の領域にまたがる内容もあります。

　これは、子どもの暮らしそのものが、多様な領域が渾然一体となっていることからきています。

　例えば「洋服を着る」という場面を考えてみましょう。ある子にとってはこのときに、洋服の名前、着る枚数、洋服の色などとともに、用途や裾を入れるなどマナーも学んでいるかもしれません。つまり、子どもは大人のように領域ごとに分けて学ぶ訳ではないということです。

④このドリルは、1冊に12の課題が含まれています。今回のシリーズは10冊で構成されています。シリーズ合計では、120の課題で構成されています。

お願い　　まずは、子どもの取り組もうという気持ちを大切にしましょう。課題の順番に関係なく、子どもの興味や関心に合わせて、できるテーマから取り組んでください。
　　子どもによっては、難しい問題があります。難しくてできないときには、時間をおいて再チャレンジしてください。

　　　　　　　　　　　　　　　　　　　　　　　湯汲　英史
　　　　　　　　　　　　　　　　　　　(公社)発達協会 常務理事
　　　　　　　　　　　　　　　　　　　　　　　言語聴覚士

① ことば（擬音語②動きや様子などを表すことば）

どれかな？①
「もぐもぐ」どれ？（「たべる」どれ？）
「しゃかしゃか」どれ？（「はみがき」どれ？）

どれかな？②
「えーんえーん」どれ？（「なく」どれ？）
「にこにこ」どれ？（「わらう」どれ？）
「ぴょんぴょん」どれ？（「とぶ」どれ？）

どれかな？③
「もしもし」どれ？（「おはなし」どれ？）
「ぱっかぱっか」どれ？（「うま」どれ？）
「びゅーんびゅーん」どれ？（「ひこうき」どれ？）

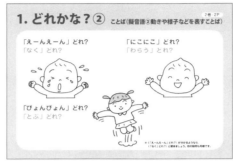

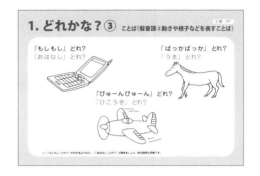

ことばかけのポイント

●話しかけるときは、余分な説明は入れず、明瞭に、ゆっくりと発音するようにしましょう。

●子どもが興味を示すようならば、気持ちを込めて表情豊かに語りかけましょう。

●ことばが理解できる子どもには、擬音ではなく、ことばで語りかけましょう。

子どもの《発達の姿》

　「うれしい」「かなしい」などの喜怒哀楽は、赤ちゃんのときからあるといわれます。早い段階で、怒りの表情を見せたりすることでそれが分かります。1歳前から「うそ泣き」をするという報告もあります。擬音語や動き、様子を示すことばですが、例えば「びゅーん」は、動きでそれを表現することができます。「びゅーん」などのことばは、人間の動作や、その体感をベースに生まれ、それが「飛行機」や「新幹線」に使われるようになったのでしょう。子どもに、「えーんえーん」と泣きまねをして見せると喜びます。「うそっこ」の遊びだからおもしろいのでしょう。もうひとつは、同じ音を繰り返すことに、人の気持ちを高ぶらせる効果があるからとも思えます。例えば「フレーフレー」「わっしょいわっしょい」というかけ声は、大人の心も興奮させます。擬音語での語りかけは、子どもによって興味を強く引き出す効果があります。

指導のポイント

★絵や擬音語などに興味を示さない子

①擬音語などは、元々は人間の動作や、その実感から生まれたと思われます。興味を持ちにくい子には、大人が動きを見せながら語りかけます。

②子どもといっしょに動き、そして擬音語などを言います。子どもがまねて発音したら、ほめてあげましょう。

③他の子などの動きを見ながら、擬音語などで表現して聞かせます。

※表情のことばが分かりにくい子の場合は、間をおいてトライしてみてください。

※「指さし」ができない子は、第1巻「手引き」3ページをご参照ください。

びゅーん

② ことば（物の名前②）

4P〜6P

どれかな？①
「スプーン」どれ？
「コップ」どれ？

どれかな？②
「くつ」どれ？
「ぼうし」どれ？
「かさ」どれ？

どれかな？③
「すべりだい」どれ？
「でんわ」どれ？
「うま」どれ？
「バナナ」どれ？

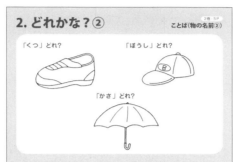

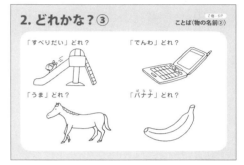

🐻 ことばかけのポイント

●ゆっくりと、明瞭に発音します。
　子どもの"音を聴こう"という意欲を高め、音を聞き分ける力を伸ばすためです。
●たくさんの、いくつもの音を聞かせると、どこまでがひとつのことばなのか分かりにくいかもしれません。
　ことばの区切りをはっきりしましょう。

子どもの《発達の姿》

　ことばの発達は、まずことばの意味が分かるようになってから話せるようになるとされます。理解が表現よりも先に進みます。

　ことばを理解するには、①音を聞き分ける力 ②いくつかの音のつながりを、ひとつのことばとしてとらえる力 ③その音の連なりが何かを表している（意味している）と分かる力、などが必要とされます。

　ことばは、人と人とのコミュニケーション手段のひとつです。ことばを使おうという気持ちになるには、相手への意識が必要です。自分勝手に行動していると、相手への意識が育ちません。何かをほしいときには「ちょうだい」のサインをするなど、人へのかかわりのあとに要求がかなうといった体験が必要です。じっくりと教えたいことのひとつです。

指導のポイント

★いっしょに同じ絵を見ない子

　大人が見ているものを赤ちゃんは自然に見つめます。赤ちゃんにはこのように、大人とまなざしを共有させる力があるとされます。まなざしがひとつのことに向かうから、「わんわんね」と大人が話せば、子どもはまなざしの先にあるものが「わんわん＝犬」であることを適切に、また効率的に学ぶことができます。このまなざしの共有ですが、「あっ、あっ」と言いながら大人に物をさし示す姿が、子どもに頻繁に見られる時期があります。まなざしの共有を、子どもが大人に強制するかのようです。この姿につられて、大人は「わんわんね」と言ったりします。子どもによっては、指さしの形を作ってあげ、指さしさせながらことばを言いましょう。その方が、よく見るようになる場合があります。

4

③ ことば（疑問詞：何）

なにですか？①
「これは　なにですか？」

なにですか？②
「これは　なにですか？」

なにですか？③
「これは　なにですか？」

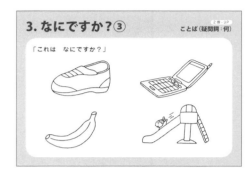

ことばかけのポイント

●子どものことばを聞き取る力も踏まえながら、ここから「なに？」ではなく、「なにですか？」というように、丁寧なことばの文章にかえていきます。大人は知らず知らずのうちに、暗黙の了解を前提とした「省略」をした言い方をしがちです。それを防ぐために、省略しない文章にします。なお、丁寧な言い方にかえる時期はいつがよいのかは、子どもの理解力に合わせてください。

子どもの《発達の姿》

　子どもは、「だれ、なに、どこ、いつ、どうやって、なぜ」という疑問詞を、一度に分かるようにはなりません。理解には順序があり、「なに、だれ」が分かるようになってから「なぜ」まで進むには、数年間かかります。

　コミュニケーションにつまずきを持つ場合は、見えたり触ることのできたりする実際の物や人が比較的分かりやすいといえます。それに比べて、手順などを問う「どうやって」や、理由を聞く「なぜ」は難しい疑問詞です。疑問詞の難易度は、後に続く助詞によっても変わります。「だれの」よりも、「だれと」「だれに」の方が難しくなります。

　1歳前後から、「ママどこ？」と聞くとママの方を指さします。この質問が分かるからといって「どこ」という疑問詞が分かっているとはいえません。ただこういったやりとりのなかで、「どこ」の意味を理解していくと思われます。

指導のポイント

★しゃべれない子
　物の名前を言われて、それを指さしたり、言われた実物を手渡したりすることを目標とします。表現よりも、理解力のアップを目指します。そのことで、ことばの力を豊かにしていきます。

★発音がはっきりしない子
　子どもが何かに答えたときに発音が不明瞭な場合に、それを修正するのではなく、大人が正しい発音を聞かせるよう心がけます。そうやって、音を聞き分ける力をまずは確かなものにしていきます。

★意味が分からない子
　質問文に答えられるようになるには、「なに、だれ」の文を何度も聞き、適切な答えが何かを了解できることが必要です。分からない場合は、答え方を教えましょう。

④ ことば（文作り：二語文理解②）

お話、聞かせましょう①
「わんわん　いぬ」
「ぶーぶー　くるま」

お話、聞かせましょう②
「ぱくぱく　おいしい」
「ごっくん　ジュース」

お話、聞かせましょう③
「ちゃぷちゃぷ　おふろ」
「ごしごし　きれい」
「もしもし　おはなし」

4. お話、聞かせましょう① ことば（文作り：二語文理解②） 2巻・10P
「わんわん　いぬ」
「ぶーぶー　くるま」

4. お話、聞かせましょう② ことば（文作り：二語文理解②） 2巻・11P

「ぱくぱく　おいしい」
「ごっくん　ジュース」

4. お話、聞かせましょう③ ことば（文作り：二語文理解②） 2巻・12P

「ちゃぷちゃぷ　おふろ」
「ごしごし　きれい」
「もしもし　おはなし」

ことばかけのポイント

●擬音語などの方が、子どもの興味を引き出すことが多いので、文頭に置きます。
●子どもがまねして話せるときには、まねして言うように促します。

子どもの《発達の姿》

　二語文は単語（1語）と違い、他者への意識の強まりから生まれると述べました（第1巻「手引き」9ページ参照）。二語文が始まる前には、何かをするときに大人の判断をうかがう姿が見られ出すことから、他者への意識が影響すると思われます。この大人の判断をうかがう姿を「社会的参照行動」といい、子どもの社会性の発達にとって大切な能力とされます。大人の判断をうかがう姿が出てきたならば、大人は子どもにそのつど、判断を示すようにします。なお、子どもが求める判断の内容は、発達に合わせて変化していきます。判断をうかがう姿がしつこ過ぎるほどになる時期があります。

指導のポイント

★二語文を聞こうとしない子
　二語文の模倣は大切ですが、「ばいばい」と手を振る、「ちょうだい」のサインをする、名前を呼ばれたら手を挙げるなどを通じて、他者への意識やかかわる力を育てましょう。

★しゃべれない子
　お話ができない場合でも、相手への意識がはっきりしてくると、ことばを聞こうという態度が育ってきます。さらには、ことばが分からない場合でも、自分で「類推」しているような姿が見られたりします。こういう姿が出てきたら、子どもが分かりやすいことばに言い換えるなど、配慮しましょう。

★興味が持てない子
　二語文を表現する力があるかどうかは、復唱で確かめることができます。「赤いりんご」「大きいクマ」などの文章が知能テストでは問題として使われています。ただ実際には、子どもが「赤いりんご」と話すことはほとんどないでしょう。「赤いりんごがあります」の頭の2語を切り取った「赤いりんご」には、子どもらしい気持ちがこもっていません。子どもの表現では、「りんご　おいしいね」というのが普通です。文章には、子どもの興味を引く工夫が必要といえます。

⑤ ことば（短期記憶：2つ）

おぼえましょう①
「おぼえましょう」

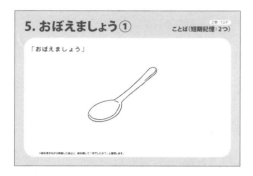

おぼえましょう②
「おぼえましょう」

おぼえましょう③
「おぼえましょう」

🐻 ことばかけのポイント

- ●絵を見せる時間は、子どもに合わせて長短を調整します。おおむね5〜10秒とします。
- ●「AとB」というように、はっきりと区切って言います。ただし、間をおきすぎると記憶ができなくなることがあります。注意しましょう。
- ●「いち、に」と数え、指を2本立てて示し、2つであることを伝えます。
- ●「何と何でしたか？」と質問したときに答えられない子には、コピーして絵カードにしておいたものから2枚を選ばせます。

子どもの《発達の姿》

　子どもが聞いて記憶できる語数は、発達と関係があります。2歳は2語、3歳は3語というように少しずつ増えていきます。

　大人は、平均「7±2」のことばを覚えるといわれていますが、これと同じだけ記憶できるようになるのは7歳前後です。短期に記憶できることばの数は限られているので、たくさんのことばを使って言われると、理解できなかったり、逆に混乱したりしてしまいます。特に、ことばにつまずきを持つ場合には、理解できる単語の数が少なかったり、ことばの意味を類推する力が弱かったりするので、混乱を生みやすいといえます。子どもが記憶できることばの数を把握すること、その大切さの理由がこの点にあります。

指導のポイント

★「覚える」という意味が分からない子

　隠す時間を短くし、時間をおかずに聞くようにします。正しく答えられたときには「覚えていたね。マルだよ」と評価します。これを繰り返し、求められている答えが何かについての理解を促します。

★答えに自信が持てずに言えない子

　ゆったりとした雰囲気を保つようにします。あせらずに、答えを待ちます。それでも答えられないときには、絵カードなどを使い、しゃべらなくともよいような設定にします。慣れてきたら、ことばで答えるというはじめのルールに戻します。

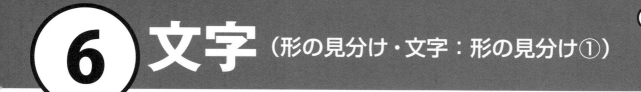

⑥ 文字 （形の見分け・文字：形の見分け①）

おなじ ものは どれでしょう①
「おなじものは　どれでしょう」

おなじ ものは どれでしょう②
「おなじものは　どれでしょう」

おなじ ものは どれでしょう③
「おなじものは　どれでしょう」

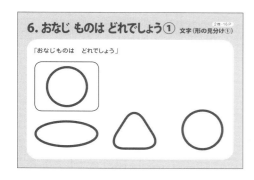
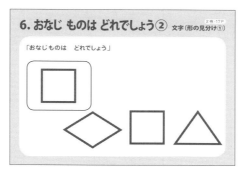
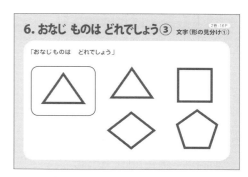

🐻 ことばかけのポイント

● まずは指さししながら、図形の名前を言います。そのあとに、子どもに選ばせます。
● いろいろな物を見せながら、「四角の箱だね」「まるい茶碗だね」というようにして、図形の名前を教えましょう。

子どもの《発達の姿》

　子どもの描画の発達には一定の順序があります。大人にとっては、なぐりがきもひし形も難易度に大きな差は感じないかもしれません。それは大人が、線や図形を描く技術を獲得しているからです。一定の順序と述べましたが、なぐりがきからひし形が描けるようになるまでには、一般的には5〜6年ほどかかります。描けるようになるためには、形を見分けられる力が必要です。描けるようになるための基礎訓練として、いろいろな形に触り、目で見てその違いを体感することが大切です。

指導のポイント

★「四角」や「三角」ということばが分からない

　図形を、繰り返し見せながら名前を伝えます。大人が、図形を描いて見せたり、子どもの手を取ったりして、図形の名前を教えます。

★靴や洋服の着脱も含め、身辺自立が形を見分ける力を高める

　「靴をはく」「洋服を着る」などの行為は、"自分の足に靴をはめる、自分の体の形に合う洋服を着る"ともいえます。まさに、自分の体を使った「型はめ」です。着脱も含め、身の回りのことはできるだけ自分でやらせるように仕向けましょう。そのことが、子どもの形を見分ける力を高めてくれます。

★「おなじ」ということばが分からない
※第1巻「手引き」7ページをご参照ください。

⑦ 数 （比較：大小②）

大きいのは どっちでしょう①
「おおきいのは どっちでしょう」

大きいのは どっちでしょう②
「おなじかたち、
おおきさの ものは どれでしょう」

大きいのは どっちでしょう③
「おおきいのは どっちでしょう」

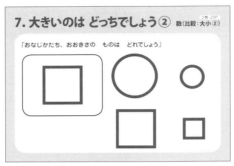

ことばかけのポイント

● 「大きい」と言いながら、大きな身振りをして見せます。「小さい」というときには、極端に小さな身振りをして見せ、大小の理解を促します。

● 形だけでなく「大きな声・小さな声」の違いも教えます。その違いが分かると、場面に合ったボリュームで話せるようになります。

子どもの《発達の姿》

何かを見比べるには、最低でも２つの物が必要です。数概念を獲得するための基礎の力として、比較する力があります。物が２つあるから、数えることができるようになるともいえます。数える姿は、２つから３つへと進みます。３つの前に、２つがしっかりと理解される必要があります。２つが分かることで、ひとつへの意識も明確になるようです。「ひとつではいや」という姿が見られたりします。

実際には、ことばが分かるようになる前から、「大きい方のお菓子を選ぶ」などの姿が見られたりします。大小の比較では、興味のある物ではできるものの、それが大小ということばになかなか結びつかない子がいます。

指導のポイント

★大小が不確かな子

大きいということばだけでなく、「小さいのはどっちですか？」も合わせて質問します。そして正しく答えられた場合には、「小さいね」と強調します。そうやって、ことばの対比をはっきりとさせ、理解を促します。

★同じ形、大きさのものが選べない子

図版をコピーして図形を切り抜き、図版に重ねさせて同じ形、大きさを実感させます。

★ゾウとウサギの大小が分からない子

第１巻（「手引き」８ページ）でも述べましたが、ゾウとウサギを比較して大小判断を行うには、ゾウとウサギの姿を想像する必要があります。そのイメージをもとに比較、判断します。イメージを作るためには、実際にゾウやウサギを見たり触れたりする体験が役立ちます。また「ゾウは大きい」、「ウサギは小さくてかわいい」といった知識が、判断の際の手がかりになります。そういう知識を教えていくことも必要です。

⑧ 社会性 （思いやり：はんぶんこ②）

やってみよう① 「はんぶんこで あそぼう」

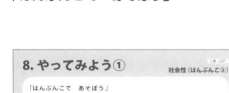

8. やってみよう① 2巻-22P

社会性（はんぶんこ②）

「はんぶんこで あそぼう」

やってみよう② 「はんぶんこで おかたづけ」

8. やってみよう② 2巻-23P

社会性（はんぶんこ②）

「はんぶんこで おかたづけ」

やってみよう③ 「はんぶんこで おしごと」

8. やってみよう③ 2巻-24P

社会性（はんぶんこ②）

「はんぶんこで おしごと」

ことばかけのポイント

● 「はんぶんこ」だけでは分かりにくい場合は、「いっしょに」「交替」「順番」を使います。そうやって、ことばの理解を促します。

● 「はんぶんこ」の言い方は、はっきりとした口調の方が分かりやすいでしょう。
（※理由については、第1巻「手引き」12ページをご参照ください）

子どもの《発達の姿》

　「はんぶんこ」は、食べ物を分け与えることから理解が始まるようです。食べ物のあとには、「遊び」や「役割」に対して使われ、そのときの「はんぶんこ」は、割合ではなく「交替」や「順番」という意味で使われるようです。逆にいえば「はんぶんこ」を使う中で、交替や順番を理解し出すともいえます。子どものことばの発達では、今の手持ちのことばをベースにしながら、成長のために必要な新しい見方とことばを学んでいく姿があります。

　例えば、「どうして」が使えずに「どうしてここにいるの？」という質問を大人にできない子は、「どこから来たの？」と聞いたりします。このときに大人が、自分が来た場所を言っても、子どもは納得した顔を見せないことでしょう。「見に来たんだよ」と理由を言えば安心し、納得した顔をします。「どこ」の方が「どうして」よりも先に理解されます。そこで自分が知っている「どこ」という疑問詞を使って、「どうして」を伝えようとする子どもの姿が、ここにあります。「どうして」を学ぶと、うまく伝わらない質問は切り替わり、適切な質問文になります。

指導のポイント

★ 「はんぶんこ」の意味が分からない子

　食べ物を使い、実際に「はんぶんこ」という状態にしてみせ、理解を促します。
（「はんぶんこ」を嫌がる、「はんぶんこ」に関係なく、取られても平気な子については、第1巻「手引き」12ページをご参照ください）

⑨ 社会性 （模倣・ルール：いっしょに②）

やってみよう①
「いっしょに　はしろう」

やってみよう②
「いっしょに　つくろう」

やってみよう③
「いっしょに　いこう」

ことばかけのポイント

● 「いっしょに　はしろう」は、いっしょに歩くよりもペースを合わせるのが難しい場合があります。そこで、子どもの走るペースに配慮します。また距離も無理のない長さにします。

● 「いっしょに　つくろう」の作る内容は、絵、工作、料理などが上げられます。

● 「いっしょに　いこう」は、子どもといっしょに計画を話し合うことなどが目標です。話し合いのなかで、行くところ、行く方法、行ってからすることなどを決めます。行く場所は、子どもの興味に合わせ、「おもちゃ屋」「遊園地」「ハイキング」「旅行」などが上げられます。話し合いは、ある程度お話ができるようになった子が対象です。

子どもの《発達の姿》

　大人といっしょに歩き、いっしょに食べることができるようになってから、他の子といっしょに遊べるようになってきます。いっしょにできる内容は、単純な動きから、相手の考えや気持ちを汲みながら行う、同じテーマについて話し合うなど、徐々に難しいものになっていきます。例えば家庭科で、子ども同士で協力し合い、いっしょに料理を作るのは小学校5年生からです。協同作業ができるようになるまでには、いっしょに歩けるようになってから、10年近くの歳月がかかるといえます。子どもの理解に合わせた、細かいステップが必要な理由がこの長い歳月にあります。

指導のポイント

★集団の中でいっしょにできない

　いっしょに歩けない子は、他の子といっしょに遊んだり、何かを作ったり、あるテーマをもとに話し合ったりすることはできないでしょう。理解力も関係しますが、難しいことからではなく、子どもの状態に合わせて、いっしょにできることを少しずつ増やしていくという配慮が大切です。いっしょにできたときには、子どもをほめてあげましょう。

　集団の規模も関係します。運動会など、たくさんの子どもといっしょにやるのは難しくても、2〜3人の子ども集団ならばいっしょにできる場合があります。小集団でやるべきことを教え、徐々に集団の規模を大きくしていくなど、子どもに慣れさせていくという配慮が必要な場合もあるでしょう。

　大人とはいっしょにできるけれども、子どもとはできないという子がいます。大人が子どもの理解やペースに合わせてくれるのでやりやすいのでしょう。こういう子の場合は、相手の子どもについて考慮した方がよいでしょう。

⑩ 社会性 （生活：口を拭く、手を洗う・顔を洗う）

きれいにしよう①
「くちを　ふこう」

きれいにしよう②
「てを　あらおう」

きれいにしよう③
「かおを　あらおう」

10. きれいにしよう①　生活（口を拭く、手を洗う・顔を洗う）　2冊・29P
「くちを　ふこう」

10. きれいにしよう②　生活（口を拭く、手を洗う・顔を洗う）　2冊・29P
「てを　あらおう」

10. きれいにしよう③　生活（口を拭く、手を洗う・顔を洗う）　2冊・30P
「かおを　あらおう」

ことばかけのポイント

● 「きれい」ということばは、子どもには分かりにくいものです。汚れた姿を見せたり、子どもによってはわざと何かをつけたりして「汚れている」という状態を教えます。そのあとに、拭いたり洗ったりしてきれいにします。その姿をよく見せながら、「きれいになったね」と伝えます。

子どもの《発達の姿》

　子どもがぬれることなどに敏感になり、水などがちょっとかかっただけで、洋服を着替えようとする時期があります。この時期とほぼ同時期に、排泄は自立します。ぬれたことに敏感になるから、排泄への不快感が強まり、トイレの利用を促すのでしょう。ぬれたりすることを感じるためには、ぬれていない状態を保つ必要があります。食事中に口の周りを拭くことをはじめとして、きれいに清潔にしておく意味がここにあります。

　また、汚れた状態は皮膚病をはじめとし、さまざまな病気にかかる可能性を高めます。「清潔に」を意識させることは、将来も含めて「自分の体を守る」方法を子どもに教えてくれるといえます。

　きれいにすることを教えることは、掃除や洗濯、炊事の際に役立つ心構えとなります。また、実際的なスキルにもなります。

指導のポイント

★ことばの意味が分からない子

　「拭く」「洗う」などのことばの意味が分からない子には、繰り返し話していきます。ことばの力が十分でなくとも、繰り返し拭いたり洗ったりすることで、聞いて動けるようになるでしょう。

★きれいにする場所が分からない子

　きれいにすべき身体部位に、子ども用のあわ立つボディシャンプーをつけて、その部位の名前を教えます。また、体の絵や写真を使って、「どこですか？」と聞き、身体部位を意識させます。

★動きがうまく作れない子

　介助しながら、体の動かし方を教える必要があります。日々の中で、子どもの体の動きを豊かにするかかわりが必要となります。

⑪ 社会性 （役割を果たす：〜して、〜やって）

やってください①
「ごみばこに　すてて」

やってください②
「ほんばこに　いれて」

やってください③
「しんぶんを　もってきて」

🧸 ことばかけのポイント

● 絵を見せてことばを聞かせます。そのあとに、子どもに実際にやってもらいます。言われたとおりにできたときには、ほめてあげましょう。

● ことばかけだけではなく、指さしも添えながら理解を促します。

子どもの《発達の姿》

　子どもには、大人から言われたことばをしっかりと聴こうとする姿を見せ出す時期があります。この時期にこそ、子どもはことばをよく聴き取り、学んでいくのだろうと思います。こういう時期には、指示のことばの方が理解しやすいでしょう。指示のことばは具体的で、明確なものにします。

　「何がしたいのかな？」とか、「好きなことをやっていいよ」といった語りかけが大切との意見があります。その意見には、子どもが自分で判断できるようにしたいという思いがあります。ただことばの力が未熟だと、「何がしたいのかな？」という問いかけは、子どもを混乱させる場合もあります。その問いかけに答えるためには、頭の中で、ことばを使いながら複数の事柄を比較検討し、判断する力が必要だからです。

　指示を出すのはいやだという人もいます。ただ、ことばが十分でない子どもに、指示をいっさい出さないような子育ては存在しないでしょう。指示的かどうかは、話し方にも影響されます。威嚇的な言い方をしないようにすれば、子どもを過剰に緊張させることにはならないと思います。

指導のポイント

★ことばが分からない子

　繰り返し使うことで、理解を確かなものにしていきます。行動をともなう指示は、その成否が分かりやすく、子どもには学びやすいといえます。

★言われた行動にとまどう子

　ことばの意味にではなく、大人の言い方や態度に反応している可能性があります。静かに、ゆっくりと語りかけます。子どもは、これまでのコミュニケーション体験から、さまざまな影響を受けています。分からないことを、強い口調で言われ続けたりすると、理解しようという気持ちよりも、拒否したい気持ちの方が勝ってしまいます。

⑫ 社会性 （感情のコントロール力：大事・大切）

おぼえよう①
「スプーンは　なげない」
「コップは　なげない」

おぼえよう②
「〜ちゃんは　だいじ」
「おとうさんは　だいじ」
「おかあさんは　だいじ」

おぼえよう③
「おともだちは　だいじ、たいせつ」

🧸 ことばかけのポイント

●気持ちを込めて言いましょう。

子どもの《発達の姿》

　口より先に手が出る、ケンカばかりしているなど、乱暴な子の相談を受けます。乱暴する子に、「どうして、他の子を叩いてはいけないの？」と聞いてみます。理由を言えず「分かんない」「ビミョウ」と答える子がいます。こういう子の場合は、ことばの力など全体的な理解力を調べる必要があります。

　また、「叩かれると自分も痛いから、やっちゃだめ」「痛いのはかわいそうだから」など、その理由を言える子もいます。子どもの話しを聞きながら、「分かっている」「反省しているようだ。もうしないだろう」と思います。ところがこの思いは、おおむね裏切られます。子どもは、また乱暴します。「どうして乱暴したの？」と、再度尋ねます。すると「ぼくは痛くなかった」とか、「かわいそうでなかったから」という答えが返ってきたりします。こういう自分勝手な考え方が生まれるのは、叩いてはいけない理由が、自分で反省し生み出されたことばではないからでしょう。きっと大人は、子どもに対して相手への想像力や道徳を軸にして叱ったのでしょう。だから大人の理屈を話します。

　子どもにとっては、自分自身で理解し、表現していることばではありません。そのために、子どもを根本から変える力が、そのことばにはありません。

　多くの乱暴な子と話しているうちに、相手への想像力や道徳よりも以前のことを学んでいないことが分かってきました。学んでいないのは、「友だちは大事、大切な存在」だということです。友だちや人は、大切な相手であるという認識が希薄です。物や人は「大事、大切なもの」だから壊したり、乱暴したりしてはいけないことを教える必要があります。このことが納得、了解できれば乱暴な扱いや行動は減ります。日々の暮らしの中で、「大事、大切な物があること」、また「人は大事、大切であること」を伝えたいものです。

　もちろん、お父さんやお母さんが「我が子を大事、大切」に思っているということを伝えるのも忘れないでください。ことばのほんとうの意味を分かるためにも、大切にされた実感や体験が必要です。

指導のポイント

★やさしいかかわり方ができない子
　子どもに繰り返し、「そっと」「やさしくね」「フワッとね」などと言い、そのことを意識させます。物を乱暴に扱ったときに、大人が「あっ！」というと、はっとした顔になったりします。そして、ゆっくりとした、そっとの動きに変わっていったりします。
※「社会性（そっと）」（第１巻「手引き」10ページ）をご参照ください。

心理学とセラピーから生まれた　発達促進ドリル　10巻内容一覧

※内容は、一部変更される場合があります。ご了承ください。

分類	項目	1巻	2巻	3巻	4巻	5巻	6巻	7巻	8巻	9巻	10巻
A.ことば	擬音語	擬音語①指さし	擬音語②								
	物の名前	物の名前①	物の名前②	物の名前③	物の名前④	物の名前⑤（2切片）	物の名前⑥（3切片）		物の名前⑦（5切片）	物の名前⑧（複数）	
	用途・抽象語	用途①		用途②	抽象語①	物の属性①		抽象語②	物の属性②		
	からだの部位	からだの部位①②					からだの部位③		からだの部位④		
	異同弁別ほか	おなじ				ちがう①②	間違い探し①	間違い探し②	間違い探し③	探し物	欠所探し
	疑問詞		何	だれ	どこ	いつ	どうやって	なぜ、どうして①	なぜ、どうして②	なぜ、どうして③	なぜ、どうして④
	（表現など）					（表現①）	（様子の表現②）	（理由の表現③）	（理由の表現④）	（理由の表現⑤）	（理由の表現⑥）
	文作り	二語文理解①	二語文理解②	助詞①②	確認・報告	助詞③					
	敘述・説明						敘述・説明①	敘述・説明②	敘述・説明③		
	振り返り							振り返り①	振り返り②	振り返り③	
	得意なこと							得意なこと	苦手なこと	上手になりたいこと	
	（何のお仕事？）							（何のお仕事？①）（何をした？①）	（何のお仕事？②）（何をした？②）		（明日は何をする？）
	自他の分離				自他の分離①		自他の分離②				
	※短期記憶		2つ			文の記憶①	文の記憶②				文の記憶③
B.文字	模写	線を引く①			線を引く②						
	形の見分け・文字		形の見分け①		形の見分け②			文字を読む①	文字を読む②	文字を読む③	文字を書く
	空間把握			上下①②	そば		前後			など、そと	
C.数	数字						数字（レジスタ）	数字①	数字②		数字②
	比較	大小比較①	大小②	大小③		高低	長短	多少①	多少②		
	数唱					数唱（5まで）		数唱①	数唱（10まで）		
	集合数					集合数①		集合数②		集合数③	集合数
	順位数（序数）						順位数①		順位数②	順位数③	
	合成と分解						合成と分解①		合成と分解②③		
D.社会性	模倣・ルール	いっしょに①	いっしょに②		順番・ルール①②		順番と待つ態度				
	思いやり	はんぶんこ①	はんぶんこ②	あげる↔もらう①		あげる↔もらう②					
	生活		口を拭く、手を洗う、顔を洗う	歯磨き	排泄		洗顔				一般知識
	役割を果たす		～して、～やって	手はおひざ	～の仕事①			～の仕事②		～の仕事③	
	感情のコントロール力	そっと	大事・大切	残念・仕方ない		小さな声で言う	「かして」と言う	わざとじゃない	～かもしれない	怒った声を出さない	道徳①②
	問題数	12	12	12	12	12	12	12	12	12	12

※参考文献等は、10巻目で紹介します。

1. どれかな？① ことば（擬音語②動きや様子などを表すことば）

「もぐもぐ」どれ?
「たべる」どれ?

「しゃかしゃか」どれ?
「はみがき」どれ?

※《「もぐもぐ」どれ?》が分かるようなら、《「たべる」どれ?》と聞きましょう。「しゃかしゃか」も同様です。

「えーんえーん」どれ?
「なく」どれ?

「にこにこ」どれ?
「わらう」どれ?

「ぴょんぴょん」どれ?
「とぶ」どれ?

※《「えーんえーん」どれ?》が分かるようなら、
　《「なく」どれ?》と聞きましょう。他の設問も同様です。

1. どれかな？③ ことば（擬音語②動きや様子などを表すことば）

「もしもし」どれ？
「おはなし」どれ？

「ぱっかぱっか」どれ？
「うま」どれ？

「びゅーんびゅーん」どれ？
「ひこうき」どれ？

※《「もしもし」どれ？》が分かるようなら、《「おはなし」どれ？》と聞きましょう。他の設問も同様です。

「スプーン」どれ？

「コップ」どれ？

2. どれかな？ ②

ことば（物の名前 ②）

「くつ」どれ？

「ぼうし」どれ？

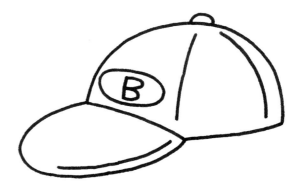

「かさ」どれ？

2. どれかな？③

「すべりだい」どれ？

「でんわ」どれ？

「うま」どれ？

「バナナ」どれ？

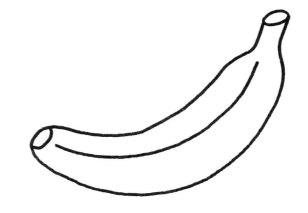

「これは　なにですか？」

「これは　なにですか？」

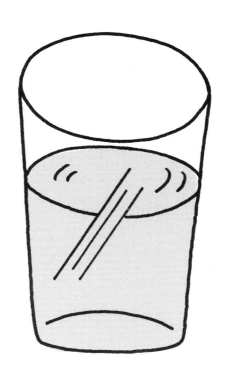

「これは　なにですか？」

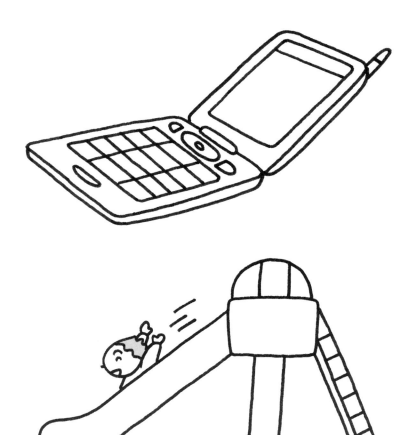

4. お話、聞かせましょう① ことば（文作り：二語文理解②）

「わんわん　いぬ」
「ぶーぶー　くるま」

4. お話、聞かせましょう② ことば（文作り：二語文理解②）

「ぱくぱく　おいしい」
「ごっくん　ジュース」

「ちゃぷちゃぷ　おふろ」
「ごしごし　きれい」
「もしもし　おはなし」

「おぼえましょう」

※絵を見せながら発音したあとに、絵を隠して「何でしたか？」と質問します。

5. おぼえましょう②

ことば（短期記憶：2つ）

「おぼえましょう」

※絵を見せながら発音したあとに、絵を隠して「何と何でしたか？」と質問します。

「おぼえましょう」

※絵を見せながら発音したあとに、絵を隠して「何と何でしたか？」と質問します。

「おなじものは　どれでしょう」

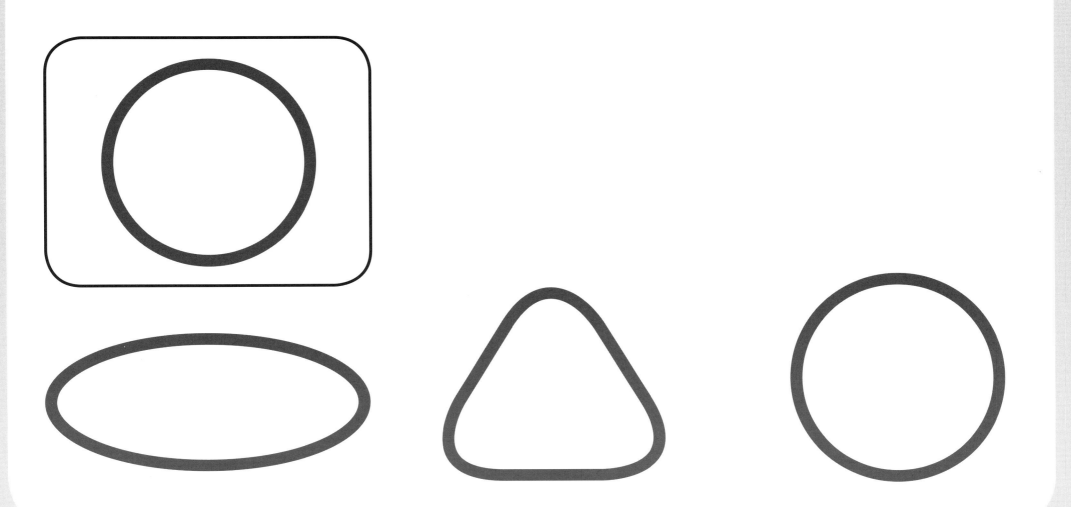

「おなじものは　どれでしょう」

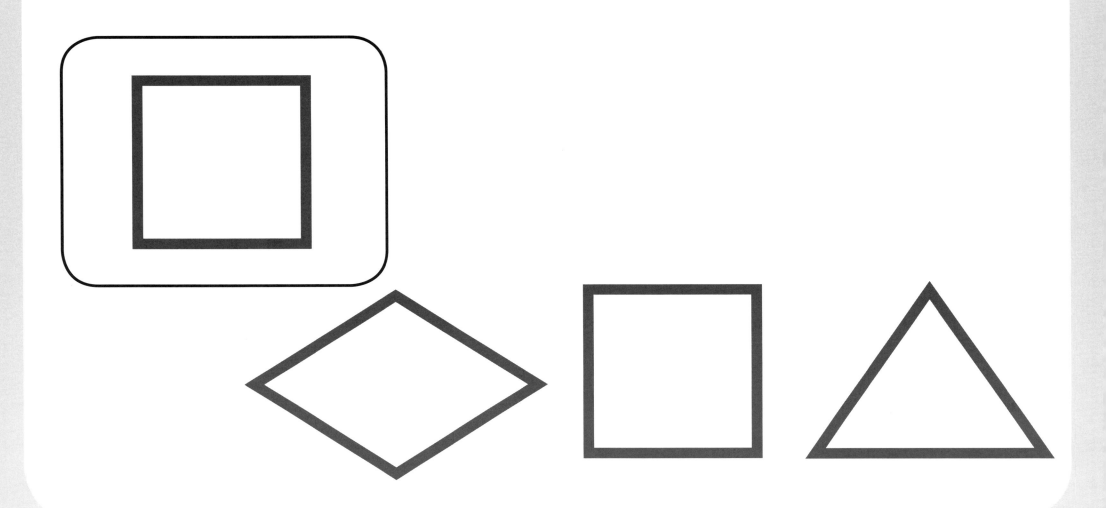

「おなじものは　どれでしょう」

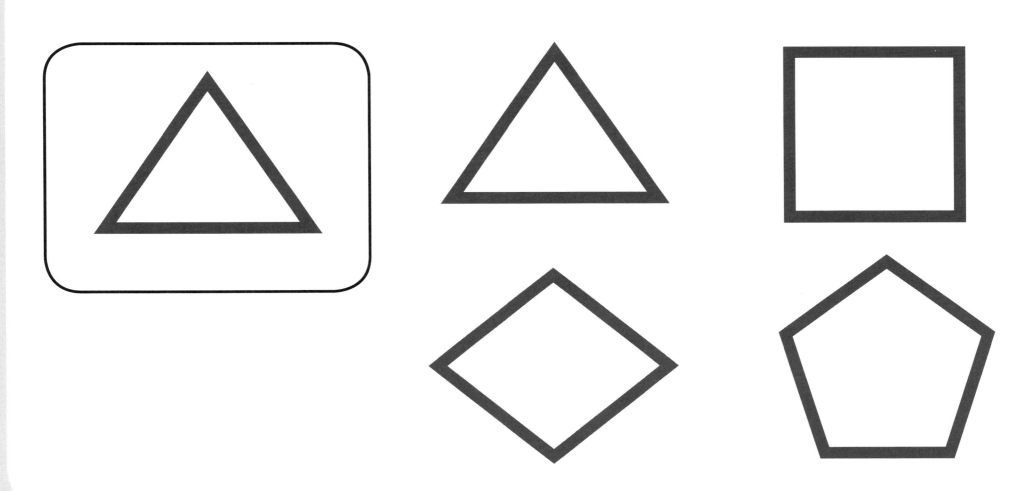

「おおきいのは　どっちでしょう」

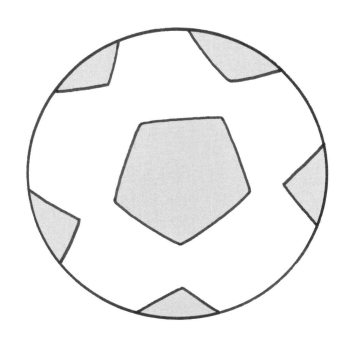

「おなじかたち、おおきさの　ものは　どれでしょう」

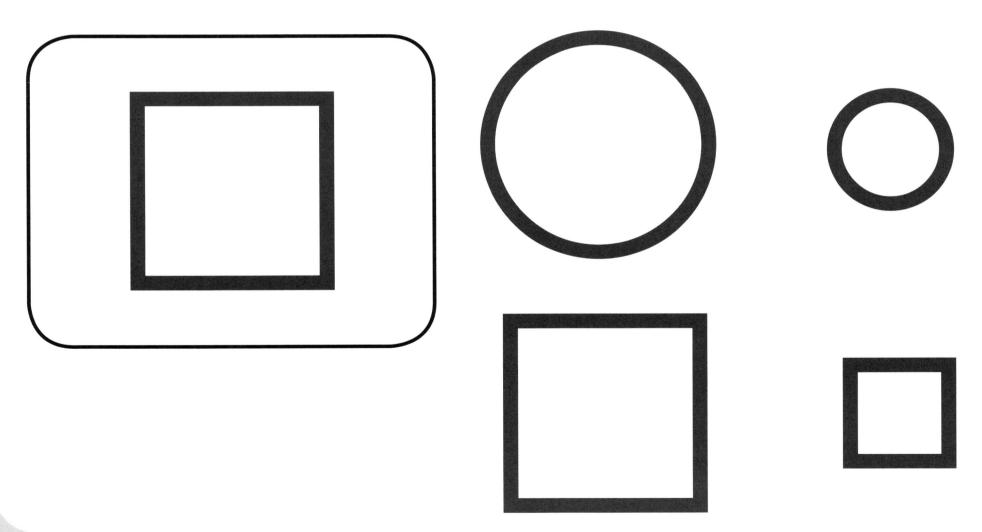

「おおきいのは　どっちでしょう」

8. やってみよう①

社会性（思いやり：はんぶんこ②）

「はんぶんこで　あそぼう」

8. やってみよう②

社会性（思いやり：はんぶんこ②）

「はんぶんこで　おかたづけ」

8. やってみよう③

社会性（思いやり：はんぶんこ②）

「はんぶんこで　おしごと」

9. やってみよう①

社会性（模倣・ルール：いっしょに②）

「いっしょに　はしろう」

9. やってみよう②

社会性（模倣・ルール：いっしょに②）

「いっしょに　つくろう」

社会性（模倣・ルール：いっしょに②）

「いっしょに　いこう」

10. きれいにしよう①

社会性(生活：口を拭く、手を洗う・顔を洗う)

「くちを　ふこう」

10. きれいにしよう②

社会性（生活：口を拭く、手を洗う・顔を洗う）

「てを　あらおう」

10. きれいにしよう③

社会性（生活：口を拭く、手を洗う・顔を洗う）

「かおを　あらおう」

11. やってください①

社会性（役割を果たす：〜して、〜やって）

「ごみばこに　すてて」

11. やってください②

社会性（役割を果たす：〜して、〜やって）

「ほんばこに　いれて」

「しんぶんを　もってきて」

12. おぼえよう①

社会性（感情のコントロール力：大事・大切）

「スプーンは　なげない」

「コップは　なげない」

※「（スプーン）は大切」「～は大事」も合わせて言いましょう。

12. おぼえよう②

社会性（感情のコントロール力：大事・大切）

「〜ちゃんは　だいじ」

「おとうさんは　だいじ」
「おかあさんは　だいじ」

12. おぼえよう③ 社会性（感情のコントロール力：大事・大切）

「おともだちは　だいじ、たいせつ」